La Sorcière et l'ordinateur

Yak Rivais

Éditions Éveil et Découvertes

ISBN : 978-2-35366-113-8

Aux enfants de l'école communale
«Yak Rivais» de Petit-Fougeray.

Yak Rivais

1
Mademoiselle Irma

On prétend que les sorcières sont vertes quand on n'aime pas la couleur verte. Mais il faut savoir une chose : plus elles font le mal et moins elles vieillissent. Ce qui les fait vieillir, c'est la gentillesse. Mademoiselle Irma était très méchante, c'est pourquoi elle paraissait jeune. Elle avait le teint frais, les yeux bleus, de fins cheveux blonds. C'était une jeune fille de… 125 ans !

Elle se levait tôt, chaque matin. Elle ouvrait la fenêtre du premier étage de sa maisonnette et scrutait la rue.

– Que le jeune homme à la moto fonce dans un poteau ! disait-elle, et l'accident se produisait. Que la dame au sac noir

dégringole sur le trottoir ! grommelait-elle ensuite, et la dame tombait.
La sorcière soupirait de bonheur :

– Peste et choléra ! Je me sens revivre !

Elle s'admirait dans le miroir au-dessus de la cheminée. Son chat persan la regardait faire.
Il somnolait sur le bureau ou dans un fauteuil voltaire recouvert d'une housse molletonnée.

– Une année de gagnée, miaulait-il, c'est bon pour le moral.

La sorcière pourtant, avait un problème. Personne ne savait qu'elle était sorcière, personne ne savait qu'elle était la cause des malheurs des gens, mais tout le monde savait que le quartier était dangereux. Et de moins en moins de monde y passait.

– Peste et choléra ! grommelait mademoiselle Irma forcée d'arpenter la ville pour trouver de nouvelles victimes.

– Le travail, il n'y a que ça de vrai ! ronronnait son chat qui, lui, ne faisait rien de la journée.

2
Mademoiselle Irma fait une découverte

Un après-midi, mademoiselle Irma tomba en arrêt devant la vitrine d'un grand magasin. Peste et choléra ! Elle y entra. Un jeune homme frétilla au-devant d'elle :

– Bonjour mademoiselle ! salua-t-il, car il ignorait que la belle blonde était plus que centenaire. Que puis-je faire pour vous ?

– Voilà, répondit la sorcière avec le sourire. Je viens de lire une publicité à la devanture de votre magasin.

Elle pointa l'index sur une réclame en couleurs : *Envoyez vos messages à la*

Terre entière !

– Est-ce que c'est possible ? se renseigna-t-elle.

– Tout devient possible avec l'ordinateur ! se trémoussa le vendeur. Tout le monde en a un aujourd'hui. Grâce à cet outil, vous communiquez avec qui vous voulez dans le monde ! C'est une porte ouverte chez les autres : vous pouvez entrer chez eux !

– Peste et choléra ! jubila tout bas la sorcière. Mais ? vérifia-t-elle avec le sourire. Si j'envoie un message à quelqu'un, suis-je forcée de le rencontrer ?

Le vendeur secoua la tête, agita la main. Mademoiselle Irma l'aurait volontiers jeté sous un rouleau compresseur, mais elle demeurait attentive parce qu'elle avait besoin de lui.

– Pas du tout, charmante demoiselle ! susurra le vendeur. Vous pouvez, de chez vous, envoyer n'importe quel message à n'importe qui n'importe où, même sur la planète Mars !

– Peste et… commença la sorcière, qui se reprit avec un sourire. Mais c'est formidable !

– Et si vous voulez, ma mignonne, ajouta le vendeur avec un clin d'œil, je peux vous apprendre à vous en servir.

Il lui faisait la cour. Mademoiselle Irma le gratifia d'un battement de cils avant de se renseigner :

– Est-ce difficile de se servir de l'ordinateur ?

– Pas du tout ! La preuve : même les enfants l'utilisent !

Il montra plus loin, un gamin en train de s'en faire offrir un par sa mère. Il avait à peine huit ans. Mademoiselle Irma s'extasia :

– Peste et… ! Les enfants s'en servent ! Même les petits ?

– Tous ceux qui savent lire.

Pivotant sur la pointe des pieds comme un danseur, le vendeur arrêta une fillette qui passait avec sa maman :

– N'est-ce pas que les enfants adorent les ordinateurs ?

– Ne m'en parlez pas ! ronchonna la mère. Ils passent des soirées à communiquer !

– Des messages ? s'enquit la sorcière avec un sourire enjôleur.

– Oui ! dit la petite fille. C'est « super » !

– Peste et cho… commença la sorcière avec enthousiasme à l'idée du large public qui s'offrait à elle. Et elle ajouta : Vendez-moi tout de suite une de vos machines !

3
Un ordinateur tout neuf

Mademoiselle Irma rentra chez elle munie d'un appareil Machintoc ultra-plat, le plus cher de l'étalage, et elle le brancha. Son chat persan, une vraie boule de poils, faisait la sieste. Il miaula :

– Plus le temps passe et moins on le rattrape. Et moins on le rattrape, plus on le perd.

– Quoi ? dit la sorcière distraitement.

Elle se vit dans le miroir mural et jeta un cri :

– Peste et choléra !

Des ridules apparaissaient aux coins de ses yeux. En sacrifiant trois heures de son temps à son nouvel achat, elle avait oublié de jeter des sorts aux passants. Et elle avait vieilli !

– Peste et choléra ! Peste et choléra !

Elle ouvrit la fenêtre. Le chat se passa une patte derrière l'oreille, signe qu'il allait pleuvoir des mauvais coups. Mademoiselle Irma rattrapa son retard :

– Que l'écolier siffleur reçoive un pot de fleurs ! Que le chapeau de cette dame coquette passe sous une roue de camionnette !

Et comme une douzaine de cavaliers musiciens de la Garde Républicaine défilaient en bon ordre :

– Que les chevaux des militaires soient piqués par des diptères !

Les poésies manquaient de finesse, mais les chevaux, harcelés par un essaim de mouches se mirent à hennir en caracolant ! Les cavaliers tombèrent avec trompinettes et tambours ! Une pagaille ! La sorcière riait ! Elle se campa devant son miroir : les ridules s'étaient effacées. Mademoiselle Irma venait de rajeunir.

– S'il y avait eu tout le régiment de cavalerie, ronronna le chat, elle serait redevenue enfant !

4
Un professeur pour mademoiselle Irma

On sonnait à la grille du jardin. Mademoiselle Irma dévala l'escalier de bois de sa maisonnette :

– Entrez ! lança-t-elle en ouvrant la porte, et le vendeur d'ordinateurs s'introduisit chez la jolie fille au charmant minois.

Il s'était changé pour lui plaire. Il portait une veste et même une cravate. Mademoiselle Irma le lorgnait du coin de l'œil en le précédant dans l'escalier de son bureau. Elle lui désigna l'engin Machintoc, écarta son chat d'une tape sur la tête :

– Laisse la place, Minou.

– C'est un chat persan ? vérifia le jeune homme en caressant l'animal qui déménageait à contrecoeur.

– Il déteste être dérangé, confirma sa maîtresse.

– Je comprends, dit le jeune homme en s'asseyant devant l'ordinateur, et en faisant jouer les dix doigts de ses mains en l'air comme un pianiste avant le concert. A nous deux !

Il alluma l'écran. Il expliqua :

– Vous pressez cet interrupteur pour mettre l'appareil en marche.

– Je vois, dit mademoiselle Irma.

Elle se tenait debout derrière la chaise du jeune homme et pouvait du même coup surveiller la rue par la fenêtre ouverte.

– Je prépare votre site, annonça le jeune homme. Quel est votre prénom ?

– Irma, dit la demoiselle de 125 ans.

– C'est un beau prénom de l'ancien temps, commenta le jeune homme. Le mien est Tristan. Vous pouvez m'appeler Tristan…

La sorcière pinçait les lèvres. Le jeune vendeur monologuait en touchant les lettres du clavier de l'appareil :

– Voilà ! J'ai tapé votre site : Irma point com. Il s'affiche sur l'écran.

– Et c'est sur ce site, vérifia mademoiselle Irma, que je pourrai écrire des messages ?

– Tous ceux que vous voudrez !

– Et les autres m'appelleront ?

– Oui, et moi le premier ! Je vous demanderai si vous voulez bien venir vous promener avec moi et si…

– Merci bien ! le coupa la sorcière. Et elle ajouta, par courtoisie : J'en serai ravie…

Le chat s'était juché sur l'appui de la fenêtre au soleil couchant. La sorcière frissonna soudain à la vue d'un chien d'aveugle et de son maître en bas sur le trottoir. Elle pointa l'index, et gronda entre ses dents :

– Que cet homme qui n'y voit rien marche dans la crotte de son chien !

– Pardon ? dit le vendeur. Vous m'avez

parlé ?

– Non non, répliqua la demoiselle avec un large sourire car le sort qu'elle venait de jeter se réalisait parfaitement. J'admirais votre habileté…

Le jeune homme se rengorgea. Il avait inscrit sur l'écran : « Je suis une jolie jeune fille blonde aux yeux bleus. J'ai un chat persan. »

– Qu'est-ce que vous aimez ? se renseigna-t-il. Dans la vie ?

Mademoiselle Irma ne savait pas répondre parce qu'elle n'aimait que le malheur des autres. Elle réfléchissait :

– Ecrivez que j'adore les énigmes !

– Les énigmes ? Ah bon…

Les doigts du jeune homme trottèrent sur le clavier.

– Et voilà ! « J'adore les énigmes ! » Ce sera votre carte de visite. Ceux qu'elle intriguera vous appelleront. Voulez-vous faire un essai ?

5

La sorcière passe à l'action

Mademoiselle Irma s'était installée devant l'ordinateur.

– Est-ce que tout est prêt ? se renseigna-t-elle, un peu fébrile.

– Votre site fonctionne, approuva le jeune technicien. Et voyez ! Un premier correspondant vous appelle déjà !

Sur l'écran, des mots s'inscrivaient rapidement :

« Bonjour ! Je m'appelle Léon. Je suis brun, je joue de la guitare. J'adore les filles blondes. A vous ! »

– Que dois-je faire ? demanda mademoiselle Irma.

– Répondez si vous désirez engager la conversation.

La conversation avec ce Léon guitariste n'intéressait pas la sorcière. Elle, ce qu'elle voulait, c'était envoyer des nuées de mauvais sorts comme on lance en l'air une poignée de pétards. Le vendeur, derrière elle, lui toucha le coude droit, sous prétexte de guider sa main sur le Machintoc. « Ma parole ! pensa la sorcière. Ce nigaud est amoureux de moi ! »

Elle fronça les sourcils. Mais puisqu'il fallait répondre à ce Léon brun guitariste, elle se mit à écrire. Les mots s'affichaient sur l'écran :

« Je te salue, Léon.
Je peux te changer en accordéon.
Si tu veux en savoir plus,
Ecris : d'accord. »

C'était une réponse en vers. Le jeune vendeur intervint :

– Ce n'est pas comme ça qu'il faut faire.

Il effaça la dernière ligne et revint en arrière :

– On écrit « clique O-Kay ». « Si tu

veux en savoir plus, clique O-Kay ». C'est de l'américain, ça fait plus moderne.

Il tapa lui-même la ligne en souriant :

– Amusante, votre poésie ! dit-il. Et voyez ! Ça marche ! Le correspondant vous répond !

Sur l'écran, deux lettres venaient d'apparaître : « O-K ». Puis un mot : « Je… » Et plus rien. La sorcière jubilait. Le jeune vendeur tout surpris, la contourna pour tapoter l'écran du Machintoc :

– Tiens ? fit-il… Le message s'interrompt…Qu'est-ce qui se passe ?

Mademoiselle Irma ne disait rien, mais elle avait déjà deviné ! Car en acceptant de cliquer « O-K », le guitariste Léon venait d'être piégé à distance, et de se transformer en accordéon ! Et elle rayonnait de bonheur.

Le jeune vendeur essayait de ramener le message en arrière sans succès.

– Bizarre ! grommelait-il. On dirait que votre correspondant a pris son envol au milieu d'une phrase !

6
Un vendeur mal remercié

Mademoiselle Irma bavait d'enthousiasme :

– Mon site fonctionne-t-il toujours ? demanda-t-elle.

– Certainement ! répondit le vendeur. Voyez. Pour y revenir, vous pressez cette touche et il s'affichera.

La sorcière applaudit en voyant son message d'accueil revenir sur l'écran : « Je suis une jolie jeune fille blonde aux yeux bleus. J'ai un chat persan. J'adore les énigmes. »

– Je crois que j'ai compris ! dit-elle.

– Et voyez ! C'est mieux qu'à la pêche ! fit remarquer le vendeur. Un autre internaute est déjà en ligne !

Un nouveau message s'inscrivait sur l'écran :
« Bonsoir ! Mon prénom est Adhémar. Je suis étudiant. Je suis blond aussi. J'ai 2O ans. »

– Je vais lui répondre ! s'exclama la sorcière avec une mimique gourmande. J'ouvre la ligne. Je clique ! Hop-là ! Maintenant, à moi de jouer !

Le chat venait de sauter sur le fauteuil voltaire. Il miaula :

– Une énigme reste un plaisir tant qu'on ne la comprend pas !

C'était une de ses sentences favorites. Le vendeur, qui venait de l'entendre, restait ahuri. Il balbutia :

– Ex…Ex…Excusez-moi ? C'est votre chat qui a parlé ?

– Je lui ai appris, confirma mademoiselle Irma.

– Mais, dit le vendeur, un chat ça ne parle pas…

Il se demandait ce qui se passait. Il pinça les lèvres en voyant mademoiselle Irma composer un nouveau message :

« Salut à toi, Adhémar !
Je peux te transformer en homard.
Si tu espères en savoir plus,
Clique O-K. »

– Mais qu'est-ce que vous faites ? murmura le vendeur. C'est une blague ?

Vaguement inquiet à présent, il observait sa cliente d'un air soupçonneux. Sur l'écran de l'ordinateur, la réponse « O-K » venait de valider le mauvais sort jeté par la sorcière.

Elle éclata de rire :

– Une bonne chose de faite ! Peste et choléra !

Elle ramena son site personnel sur l'écran. Elle imaginait le pauvre Adhémar en train de traîner sa carapace sur ses dix pattes maladroites. Elle frappa le bureau d'un coup de poing :

– Cette saleté de machine est magique ! Je ne regrette pas de l'avoir achetée !

Elle était tellement heureuse qu'elle avait oublié le vendeur. Effrayé, il faisait retraite vers la porte. Elle se retourna et le découvrit :

– Hé ! Où allez-vous !

– Je…Je vous ai tout expliqué… Je… Je vais prendre congé. Au revoir mademoiselle…

Il allait filer. La sorcière esquissa un geste de la main :

– Que ce vendeur frivole se couvre de plumes et s'envole ! lança-t-elle.

Et le vendeur se couvrit de plumes en rétrécissant.

– Non ! Non ! protesta-t-il, mais la suite devint incompréhensible, transformée en cui-cuis d'oiseau.

Il s'envola par la fenêtre. La sorcière le vit s'estomper dans la nuit. Elle se contempla dans le miroir : elle avait encore rajeuni.

7
Une enquête difficile

La police était aux abois. Des disparitions d'individus étaient signalées un peu partout, et principalement en ville.

– Un casse-tête ! se plaignait le commissaire en marchant de long en large devant ses inspecteurs. Un père disparaît ici ! Un fils là ! Un frère ailleurs ! Tous devant l'ordinateur ! Si au moins nous avions une piste ! Nous ne savons même pas ce que les personnes disparues sont devenues !

Tout le monde hochait la tête.

– Imaginez ! développa le commissaire. Des internautes qui s'amusent ! Comment peuvent-ils partir comme ça...(Il fit claquer deux doigts d'une main)...sans

que personne ne voie rien !

– C'est peut-être à cause d'un virus informatique ? suggéra un inspecteur.

Un autre levait le doigt :

– La plupart des disparitions se sont produites dans notre pays. C'est peut-être un problème de langue ?

Ses collègues secouaient la tête, incrédules.

– Que voulez-vous dire, Martin ? demanda le commissaire.

– Monsieur le Commissaire, je me suis renseigné. Il y a trois cas de disparitions seulement à l'étranger. Mais les trois disparus parlaient notre langue.

Il y eut un silence. Le commissaire pinçait sa barbiche :

– Qu'en concluez-vous ?

– Que les gens disparus ont reçu un message dans notre langue. Mais je ne sais ni pourquoi ni comment ils ont disparu.

Le commissaire réfléchissait. Il releva la tête car l'inspecteur Martin réclamait de nouveau la parole :

– Vous avez une autre idée ?

– J'aimerais souligner un aspect curieux du mystère. C'est que les disparus abandonnent toutes sortes d'objets saugrenus sur leurs chaises. Une banane. Un parapluie. Une pince à linge. Et je me demande si tous ces objets ne sont pas en rapport avec leur métier ? Dans une des affaires, un électricien a laissé un tournevis. Dans une autre, un coiffeur a laissé un peigne…

Un autre inspecteur se mit à rire :

– Mais on a retrouvé un casse-noix chez un garagiste, et un camembert chez un opticien ! Ah-Ah-Ah !

– Et une bicyclette, ajouta un troisième en pouffant de rire, sur le fauteuil d'un dentiste !

Le commissaire lui-même s'esclaffa, car le malheur des uns fait le bonheur des autres. L'inspecteur Martin consulta ses notes :

– On peut remarquer autre chose.

– Quoi ? demanda le commissaire.

– Sur 5OO disparitions, 429 étaient

des jeunes gens, et même des enfants. Et tous des garçons.

– Très intéressant. Qu'en concluez-vous ?

L'inspecteur Martin hésita, puis se décida :

– Si, comme je le pense, un message est cause des disparitions, et si ce message s'adresse aux garçons… alors c'est une fille qui l'envoie.

8
Un gâteau d'anniversaire

La sorcière s'amusait follement. Et elle restait jeune et belle.

Ce soir-là, tout en s'apprêtant à souffler les 126 bougies sur son gâteau d'anniversaire et boire une coupe de champagne, elle dressait le bilan de ses méfaits :

– Peste et choléra ! Vive l'ordinateur ! Depuis que j'ai cette saleté chez moi, j'ai commis plus de mille méchancetés ! Ah-Ah ! J'imagine la tête des familles qui découvrent un haricot ou une brosse à dents sur le fauteuil d'un disparu !

Elle caressait le chat sur ses genoux. Il miaula :

– Jamais fer à repasser ou archet de violon ne remplaceront un être humain.

– D'autant que parfois, ricana mademoiselle Irma, on ne retrouve rien ! Quand je transforme un olibrius en papillon de nuit, par exemple ! Il doit s'envoler par la fenêtre !

– A moins que l'enfant de la maison ne le capture ! miaula le chat.

– Oui ! gloussa la sorcière. Un morveux qui capture son père et qui le pique avec une épingle dans sa collection d'insectes !

Elle se leva pour s'admirer dans son miroir, de face et de profil. Elle avait une peau de satin. Elle revint à son bureau sur lequel trônait le gros gâteau. 126 bougies brûlaient dessus.

– Je suis en pleine forme ! Je les éteindrai toutes d'un seul coup !

– Ça vaut mieux, ronronna le chat. Si on veut que ça porte bonheur.

Mademoiselle Irma se redressa, respira, bomba le torse. Puis elle se plia en avant et souffla sur le gâteau de toutes ses forces. Un bruit à la fenêtre la fit sursauter, si bien qu'elle manqua 2 bougies.

– Peste et choléra ! cria-t-elle. Qu'est-

ce que c'est ?

La fenêtre était fermée. Il faisait presque nuit. Un gros oiseau gris venait de s'abattre sur l'appui de la fenêtre.

– Peste et choléra ! C'est le vendeur qui revient !

Mademoiselle Irma agita les bras :

– Va-t'en ! Déguerpis ! Du vent !

L'oiseau s'envola dans le ciel mauve. La sorcière râlait :

– C'est la troisième fois qu'il revient ! Il finira par me faire repérer !

En bas, dans la rue, un groupe de jeunes gens circulaient sur des rollers. La sorcière grogna :

– Que ces zigotos à roulettes se cassent tous la binette !

Elle revint chez elle sans même regarder le peloton faire un vol plané culs par-dessus têtes. Deux bougies brûlaient encore sur le gâteau.

– Peste et choléra ! gronda mademoiselle Irma. J'ai raté mon coup !

– Ça porte malheur, miaula le chat.

9
L'inspecteur Martin rentre chez lui

L'inspecteur Martin avait apporté du travail à domicile. Il n'en manquait pas, comme il expliquait à sa femme en dépliant sa serviette, un épais dossier à côté de l'assiette.

– Je sors de chez une victime disparue.

– Une de plus ? demanda madame Martin en servant une omelette.

Elle-même avait déjà dîné, car il était tard.

– Où est Gus ? s'enquit l'inspecteur. Dans sa chambre ?

– Il a fait ses devoirs. Il s'amuse avec

son ordinateur.

– J'irai le voir tout à l'heure.

– Et qu'as-tu découvert ? se renseigna madame Martin pendant que son mari mangeait.

– Comme d'habitude. La famille se demandait où était passé le garçon de la maison…

Il porta un morceau d'omelette à sa bouche, but une gorgée de vin :

– Et comme d'habitude, reprit-il, il restait un objet farfelu sur sa chaise.

Il ricana :

– Une boîte de sardines. La famille ne comprenait pas. Moi non plus. Rien que pour notre ville, 18 disparus aujourd'hui. C'est le soir qu'ils sont le plus nombreux. C'est à ce moment-là que les internautes manipulent leurs ordinateurs.

Il leva l'index :

– Car on ne m'ôtera pas de l'idée que les disparitions sont liées aux ordinateurs ! Regarde le dossier.

Du menton, il le désignait sur la table. Sa femme dénoua le ruban qui le fermait :

– Je peux l'ouvrir ?

– J'ai tout résumé à la première page.

Madame Martin se mit à lire pendant que l'inspecteur commentait. Il en oubliait qu'il avait la bouche pleine :

– Quatre-vingt dix-chept pour chent des disparus ont laiché un obchet derrière eux. Preschque touch des cheunes. Che chuis chûr que les dichparichions ont un rapport avec les méchages. Mais che ne chais ni pourquoi ni comment !

Il attira l'assiette à fromage, se servit une tranche de camembert, et rompit un morceau de baguette. Il porta le fromage à sa bouche et faillit s'étrangler en jetant un cri :

– Gus !

Il bondit à la chambre de son fils avec un sombre pressentiment. Il ouvrit la porte :

– Gus !

Le garçonnet se retourna, souriant :

– Bonsoir papa.

– Que fais-tu ? demanda l'inspecteur

soulagé de découvrir l'enfant tranquillement assis devant son appareil.

Il l'embrassa sur le front. La mère arriva, mais resta dans l'ouverture de la porte.

– Je joue, répondit le gamin. Je réponds à des gens.

Le père s'était rembruni. Sa femme devina sa pensée. Et si c'était en jouant que les internautes disparaissaient ?

– Tu crois que… murmura-t-elle avec inquiétude.

– On n'est jamais trop prudent, dit l'inspecteur Martin.

L'écran lumineux de l'ordinateur de son fils paraissait en ordre. Il sourit :

– Rien à signaler ?

– Rien, répondit l'enfant. A part une idiote qui écrit des poésies tellement mal faites que je les lui corrige.

Les parents sortirent. Et Gus continua de pianoter.

10
Gus adore la poésie

Le père hochait la tête avec tendresse en se rasseyant à table pour finir son repas. Gus était un gentil garçon.

– Il a eu de bonnes notes à l'école aujourd'hui ?

L'inspecteur pelait une pomme. Sa femme acquiesça :

– Dix en calcul, en dictée, en récitation, en histoire.

Elle était fière. Le père rit de contentement. Sa femme apporta le café, le versa dans une tasse :

– Il compose même des vers ! Le maître leur a appris les règles de…

– Mille sabords ! l'interrompit le père en sautant de sa chaise comme un diable à ressort, et sa pomme roula sur la table. Des vers !

Il courut à la chambre, ouvrit brusquement la porte :

– Gus !

L'enfant sursauta. Le père accourut derrière lui :

– Tu as parlé de poésies que tu recevais, tout à l'heure ?

Il examinait en même temps l'écran de l'ordinateur de son fils.

– Que se passe-t-il ? demanda la mère qui arrivait à son tour.

– Regarde ! dit le père.

La mère lut un message écrit sur l'écran à voix haute :

– « Salut Gus. Je peux te transformer en bus. Si tu espères en savoir plus, clique O-K ». Qu'est-ce que ça veut dire ?

Elle écarquillait les yeux. L'enfant sourit, méprisant :

– Ce sont les vers d'une fille. Ça fait presque une heure qu'elle m'embête avec !

Le père attira une chaise à côté de celle

de son fils :

– Raconte-moi.

Il tremblait d'excitation. La mère s'assit sur le bord du lit. Le garçonnet raconta :

– Elle s'appelle Irma. Je lui ai dit que je me prénommais Gustave, et qu'on m'appelait Gus. Elle dit qu'elle est belle et blonde, mais en poésie elle est nulle. Regarde. J'ai noté ce qu'elle m'a déjà écrit.

Il remit à son père un calepin sur lequel il avait écrit au crayon les messages reçus :

1/ Salut Gustave. Je peux te transformer en betterave. Si tu espères en savoir plus, clique O-K.

2/ Je te salue Gustave. Je peux te changer en betterave. Si tu espères, etc…

3/ Bonsoir à toi mon cher Gustave. Je peux te transformer en larve. Si tu espères, etc…

4/ Gustave, je te salue. Je peux te transformer en larve poilue. Si tu espères, etc…

Le père releva la tête. Il y avait encore comme ça une dizaine de « poèmes ». Le gamin s'esclaffa :

– Elle est nulle !

– Tu…Tu n'as jamais tapé « O-K », n'est-ce pas ? vérifia l'inspecteur avec anxiété.

11
Un cours de poésie

– Ah mais non ! Mais non ! se défendait le garçonnet. Les vers de cette fille sont mauvais ! Je lui ai dit de corriger ! Tu vois, expliqua-t-il à son père, pour que les vers soient corrects, il faut que les rimes soient riches. Le maître l'a dit. Mais ça ne suffit pas !

– Non ?

– Il faut compter les syllabes. Regarde.

Le gamin se mit à compter sur ses doigts en disant les vers à voix haute et en détachant les syllabes :

– Sa – lut – à – toi – Gus – tav'. Ça fait 6 syllabes. Le E de Gustav' ne compte pas car il est à la fin du vers.

– Ah bon, enregistra le père.

Le gamin poursuivit son exposé :

– Je – peux – te – trans – for – mer – en – bet – te – rav’ . Ça fait 1O syllabes. Le E de bettErav’ se prononce parce qu’il est devant une consonne. C’est la règle.

L’inspecteur Martin applaudit gaiement :

– Bravo ! Tu remercieras ton maître de ma part pour t’avoir appris ça !

Il brandit le calepin en prenant sa femme à témoin :

– Mon enquête est terminée. Gus a élucidé le mystère.

Il se retourna :

– Ne réponds plus à cette Irma ! Attends !

Il revint dans la salle à manger prendre son épais dossier, fit halte pour aspirer une gorgée de café tiède. Il retrouva la chambre ensuite, étala des fiches sur le lit :

– Là ! Le disparu se prénommait Gérard. Voyez ce qu’on a retrouvé sur sa chaise ? Un cigare ! Ça rime.

Le garçonnet fit la moue :

– Ça rime plutôt mal.

– Et là ! dit l'inspecteur en plaçant une fiche sous les yeux de son épouse. La victime se prénommait Francis, et on a retrouvé…

– Une balle de tennis !

Madame Martin feuilletait les fiches avec stupeur :

– Et là ! Gaston ! On a retrouvé un mirliton ! Là ! Antoine ! Une pivoine ! Frédéric ! Du mastic ! Et là…

Elle s'interrompit :

– On n'a rien retrouvé du tout…

– Oui. C'est arrivé plusieurs fois, reconnut son mari. Comment se prénommait la victime ?

– Roland. Cette Irma n'a peut-être pas proposé de rime ?

L'enfant ricana :

– Goéland !

Le père leva les deux bras en l'air :

– Mais oui ! Suis-je bête ! Et le disparu s'est envolé !

– Mais alors ? murmura la mère en

pâlissant…

– Tout concorde, admit le père en rassemblant ses fiches. (Il pivota vers Gus :) Tu dis que cette fille envoie des messages ?

– Depuis presque une heure !

– Alors écoute-moi. Tu vas lui répondre. Fais-lui perdre son temps. Corrige ses poèmes. Invente un copain, un frère, donne-lui en pâture un autre prénom. Mais surtout ! Surtout ! N'écris pas « O-K » ! Compris ? Moi je file appeler le commissaire. Il va en tomber sur le derrière.

Il éclata de rire :

– Tiens, ça rime !

Puis il se reprit en s'excusant avec humour auprès de son garçon :

– Je sais ! La rime n'est pas riche !

12
Une sorcière empêtrée

La sorcière était énervée. Plus d'une heure qu'elle était collée à l'ordinateur par un correspondant tatillon.

– Peste et choléra ! râlait-elle. Il m'agace ce maniaque avec ses règles poétiques !

Elle avait fermé la fenêtre à cause de l'oiseau. Elle grognait :

– La rime ! Qu'est-ce qui rime avec « Gus » si « bus » ne va pas ! Hein, Minou ? Détritus ? Prospectus ? Lotus ?

– Asparagus, ronronna le chat. C'est une plante qui ressemble aux asperges.

– Ah ? fit mademoiselle Irma.

Et elle composa un nouveau message : Salut Gus. Je peux te métamorphoser en

asparagus. Si tu espères en savoir plus, clique O-K.

Elle se frottait les mains.

– La rime est parfaite ! Je vais le transformer, ce crétin ! Attention, le voilà qui me répond !

Sur l'écran défilaient les lettres : La rime est fort bonne, mais il faut compter les syllabes.

– Peste et choléra ! cria la sorcière. Il n'est jamais content ! Fiche le camp de mon site ! Parasite !

Elle se leva et ouvrit la fenêtre pour aspirer un bol d'air. Elle recula en sursaut en sentant des plumes lui effleurer le visage. Mais déjà, l'oiseau gris disparaissait dans la nuit.

– Peste et choléra ! lança mademoiselle Irma. Que cet oiseau importun se disloque et tombe comme un pantin !

Mais elle n'avait pas réagi assez vite. L'oiseau était hors de vue, et donc hors d'atteinte. Le chat persan philosopha :

– Avant l'heure, c'est pas l'heure. Après l'heure, c'est plus l'heure.

La sorcière soupira. Elle se sentait lasse. Elle fit demi-tour pour se laisser choir dans le fauteuil, mais elle ralentit devant le miroir. Elle tressaillit. Une femme plus âgée qu'elle, mais qui lui ressemblait, la dévisageait. Elle approcha son visage du miroir et scruta sa peau. Elle ouvrit la bouche pour inspecter ses dents.

– J'ai vieilli ! s'écria-t-elle avec effroi. Il faut que je trouve une victime ! Vite !

Elle trotta à sa fenêtre, observa la rue déserte éclairée par des lampadaires. Pas le moindre rôdeur en vue. Elle rebroussa chemin vers l'ordinateur où un message de Gus arrivait , un nouveau message : Mademoiselle, mon frère s'appelle Stanislas. Essayez d'écrire un poème sur lui.

La sorcière haussa les épaules. Elle bougonna :

– Qu'est-ce qui rime avec Stanislas ? Paperasse ? Godasse ?

Ses paupières s'alourdissaient, elle avait envie de dormir. Elle se redressa et frappa son bureau du poing :

– Stanislas ou pas, que veux-tu que ça me fasse ! ricana-t-elle.

Elle se dirigea de nouveau vers la fenêtre en traînant la jambe. Mais l'oiseau qui venait de passer devant s'était évanoui dans la nuit. Elle devenait trop lente. Un chien, dans la rue, fouillait une poubelle renversée.

– Que ce vilain roquet se transforme en bilboquet !

Le chien s'arrondit en boule et roula dans le caniveau. Mais cette mauvaise action de la sorcière ne suffisait pas à la rajeunir. Elle sanglota :

– Peste et choléra ! Il faut que je sorte ! Que je fasse beaucoup de mal !

Elle ferma la fenêtre et se dirigea vers la porte. Au moment de quitter la pièce, elle se ravisa, elle revint se pencher sur l'ordinateur Machintoc, et elle inscrivit pour Gus un gros mot de cinq lettres.

13
La police est à l'affût

Le commissaire avait retrouvé l'inspecteur Martin dans la rue. Tout était calme, endormi. Dans la maisonnette au fond du jardin, la fenêtre du premier étage était éclairée.

– C'est ici ? chuchota le commissaire.

– Oui, c'est l'adresse de cette demoiselle Irma, monsieur le Commissaire.

– Dire que cette personne habitait notre ville ! Et c'est elle qui…

– Attention ! Elle sort ! chuchota l'inspecteur.

Les deux hommes se réfugièrent dans l'ombre d'une porte cochère. Une femme sortie de la maisonnette en effet, traversait

le jardin. Une seconde, elle inspecta la rue. Puis elle se mit en marche.

– Suivons-la ! suggéra le commissaire. Ne nous montrons pas.

La femme allait d'un pas pressé. Elle parlait toute seule en marchant et s'impatientait :

– Peste et choléra ! Peste et choléra ! Peste et…

Elle s'arrêta net tout à coup. Ses deux poursuivants s'accroupirent derrière un tronc d'arbre. Un ivrogne titubait au milieu de la rue. Mademoiselle Irma fit un geste bizarre et couina :

– Que cette espèce d'ivrogne tombe dans sa bouteille de Bourgogne !

Elle éclata de rire. Elle reprit sa marche en avant.

– Mais ? chuchota le commissaire ahuri. Où ? Où est passé l'homme ? Il a disparu !

– Attendez ! recommanda l'inspecteur Martin.

Il retint le commissaire par le bras, le temps que mademoiselle Irma ait dépassé le coin de la rue. Puis il se releva le premier :

– Vous l'avez entendue ? vérifia-t-il.

Et il répéta les mots de la sorcière :

– « Que cette espèce d'ivrogne tombe dans sa bouteille de Bourgogne ! »

– Oui, dit le commissaire en se relevant à son tour. Et alors ?

– Elle lui a jeté un sort ! Venez voir !

L'inspecteur arriva le premier auprès de la bouteille de vin posée sur la chaussée. Il la souleva :

– Regardez !

L'ivrogne, minuscule, était au fond de la bouteille, debout dans un reste de vin.

– Mais ! Mais ! s'écria le commissaire éberlué. C'est ! C'est de la sorcellerie ! Nous devons arrêter cette femme !

Et comme il allait s'élancer bravement sur ses traces, l'inspecteur Martin l'arrêta encore :

– Vous voulez qu'elle vous jette un sort ?

L'ardeur du commissaire s'éteignit comme la flamme d'une allumette sous la douche.

– Mais alors ? dit-il. Comment l'arrêter si elle jette un sort à tous ceux qu'elle voit ? Nous ne pourrons même pas l'approcher !

14
Le retour de l'oiseau gris

Les forces de police encerclaient la maisonnette. Des hommes se cachaient dans les entrées des immeubles proches, d'autres derrière les buissons du jardin. Plusieurs s'étaient introduits chez mademoiselle Irma, dans les armoires, même sous le lit. Le commissaire et deux inspecteurs, dont monsieur Martin, avaient monté l'escalier qui donnait accès au bureau. Ils n'étaient pas rassurés, bien que la sorcière fût absente. Seul un chat persan somnolait à côté de l'ordinateur. L'inspecteur Martin déposa la bouteille de l'ivrogne sur la cheminée devant le miroir. Il désigna l'écran du Machintoc :

– Voyez, monsieur le Commissaire !

Le dernier message de la sorcière !

C'était un gros mot, comme on sait. Mais au-dessus, le dernier envoi de Gus était encore lisible : Mademoiselle, mon frère s'appelle Stanislas. Essayez d'écrire un poème sur lui.

L'inspecteur se redressa avec orgueil :

– C'est mon fils qui lui a écrit. Il a débusqué la sorcière !

– Compliments ! dit le commissaire. C'est un enfant plein d'astuce .

– Avoir une tête, c'est facile, miaula une drôle de voix. Mais avec une cervelle dedans, c'est mieux.

– Pardon ? dit l'inspecteur Martin qui croyait que le commissaire lui avait parlé.

– C'est le chat ! intervint le deuxième inspecteur. Je l'ai vu parler !

L'animal s'étira et bâilla. Il était royal d'apparence, et il le savait :

– Chat vous épate ? miaula-t-il avec ironie.

– Heu... Quelle heure est-il ? demanda le commissaire pour changer de sujet.

– Bientôt quatre heures, répondit l'inspecteur Martin. Le jour se lève… Hé ! Qu'est-ce que c'est que ça !

Quelque chose venait d'effleurer la fenêtre et de se poser dehors sur l'appui. C'était un gros oiseau gris. Prudemment, le chat se réfugia sur le fauteuil. Il se lova sur la housse molletonnée :

– C'est le service après vente ! miaula-t-il.

L'oiseau frappait du bec avec insistance sur la vitre. Le deuxième inspecteur ouvrit la fenêtre afin de le chasser, mais il s'engouffra dans la pièce…

– Holà ! protesta l'inspecteur.

– Fermez cette fenêtre ! exigea le commissaire.

L'oiseau venait d'atterrir sur le bureau. Il se jeta sur l'ordinateur. Les trois hommes le virent bondir adroitement de touche en touche. Clic ! Clic ! Clic!

– Qu'est-ce qu'il fait ? Il va tout effacer ! s'affola le commissaire.

Il agita les bras pour effrayer le volatile, mais l'oiseau continua de pianoter sur le

clavier. L'inspecteur Martin frappa dans ses mains :

– J'ai compris ! Je crois qu'il annule un programme !

L'oiseau venait de retomber d'une patte sur la touche « correction » et validait la frappe de l'autre. L'écran s'obscurcit ! A la seconde précise où il s'éteignit, l'oiseau se mit à grandir et à perdre ses plumes. Et il redevint un jeune homme ! En même temps, la bouteille sur la cheminée explosa : le minuscule ivrogne venait de retrouver sa taille ! Il tomba sur le parquet. Il ne s'était pas réveillé. Le jeune homme, quant à lui, se tenait debout sur le bureau, l'air hagard…

– Incroyable ! s'exclama le commissaire.

– Je… J'ai tout annulé ! dit le jeune homme en défripant son veston. Mais il ne faut pas rester là !

Il sauta sur le plancher et se précipita vers la porte. Les trois policiers l'entendirent dévaler l'escalier. Quelques secondes plus tard, par la fenêtre fermée, ils le virent s'enfuir dans la rue comme un champion de course à pied.

– Ça alors ! souffla le commissaire, éberlué.

– Attention ! lança l'inspecteur Martin.

Une femme arrivait dans la rue.

15
Une arrestation délicate

Le commissaire avait reculé, mais il était troublé :

– Bizarre, chuchota-t-il… Ne recherchons-nous pas une jeune fille ?

– Oui, confirma l'inspecteur Martin également perplexe à la vue de la femme. Pourtant c'est bien elle, je reconnais sa robe…

– Elle semble plus âgée, observa le commissaire…Fatiguée…

– Elle a peut-être beaucoup marché ? suggéra le deuxième inspecteur.

– En tout cas, c'est ici qu'elle vient ! dit le commissaire.

– Comment ferons-nous pour la capturer ? demanda le deuxième

inspecteur. Va-t-elle nous changer en grenouilles ?

Dehors, mademoiselle Irma ouvrait lentement la grille du jardin. L'inspecteur Martin bondit au fauteuil voltaire :

– Pousse-toi, le chat !

Et il s'empara de la housse molletonnée. Elle était épaisse et solide, on ne pouvait pas voir à travers. En bas, la sorcière poussait à présent la porte d'entrée.

– La voilà ! chuchota le commissaire. Elle monte !

L'inspecteur Martin se posta derrière la porte, muni de la housse molletonnée. Son collègue décrocha de sa ceinture une paire de menottes. Mademoiselle Irma montait lourdement l'escalier. Elle soufflait toutes les deux marches. Elle atteignit le palier, y fit halte pour se reposer. Quel âge avait-elle donc ?

La porte fut ouverte. Une vieille dame entra, courbée, ridée, flétrie, en robe de jeune fille. Les deux inspecteurs se jetèrent sur elle. Le premier la coiffa de la housse et la ceintura pour l'y maintenir enveloppée, pendant que le second la menottait dans le dos.

– Peeeste et chooolééééraaa… chevrota mademoiselle Irma, mais elle n'en dit pas davantage.

Elle vacillait sur ses jambes grêles. Elle faillit tomber. Les forces de police affluaient. On noua la housse autour de sa taille. On dut la porter pour lui faire descendre l'escalier, mais elle ne résistait pas. Le commissaire hochait la tête en s'adressant à l'inspecteur Martin :

– Vous, vous ne l'avez pas vue, dit-il. Parce que vous étiez derrière la porte. Mais moi je l'ai vue ! C'est une dame âgée ! Très âgée !

Elle avait vieilli en une nuit. Pas assez de victimes dans les rues. Et surtout ! L'oiseau ! En annulant son programme, il lui avait fait perdre tout le bénéfice engrangé. Son âge l'avait rattrapée. En même temps, ses victimes libérées redevenaient elles-mêmes devant leurs écrans, à la surprise des familles. Une cloche, une marmite, une passoire,

redevenaient un fils, un frère, un ami…

Il y eut, bien sûr, de menues complications. Un garçon, métamorphosé en pigeon, appela du faîte d'un marronnier. Un teckel mignon détruisit sa niche en jurant. Mais le cas le plus spectaculaire fut celui d'un asticot. Une carpe l'avait happé. La carpe fut capturée. La fille du pêcheur s'apprêtait à la faire frire lorsqu'elle éclata. Un jeune homme sortit de la poêle. Lui et la jeune fille se regardèrent. Puis ils se marièrent, et ils eurent beaucoup d'enfants.

L'ordinateur de mademoiselle Irma fut confisqué.

Gus garda le chat persan. C'était une bestiole prétentieuse que les souris n'intéressaient pas, et qui se prélassait au soleil. Quand il acceptait de parler, ses souvenirs étaient pittoresques, et tenaient la famille Martin en haleine.

Pour aller + loin

Aide la sorcière à faire des vers !

Jette un sort à tes camarades !

Un exemple : ***Salut Françoise !***
Je peux te changer en ardoise !

Salut Natacha !
Je peux te changer en ...

(chien ? grenouille ? chat ?)

Salut Benoît !
Je peux te changer en ...

(pomme ? poire ? noix ?)

Salut Amandine !
Je peux te changer en ...

sardine, ou en grenadine, ou en gabardine
(choisis !) **!**

Choisis la meilleure rime :
Salut Victor !
Je peux te changer en...
- condor
- castor
- coffre-fort !

Salut Yvette !
Je peux te changer en...
- savonnette
- cuvette
- chaussette !

Salut Antoine !
Je peux te changer en...
- avoine
- en moine
- en cétoine !

En quoi Catherine a-t-elle été changée ?
- en mandarine,
- en bottine,
- en guillotine,
- en épine ?

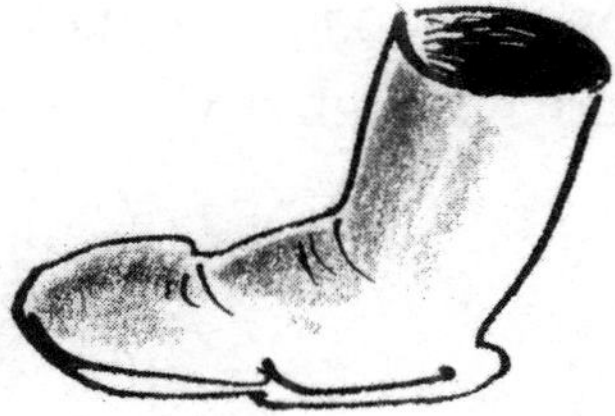

En quoi Gaëtan a-t-il été changé ?
- en sultan ?
- en étang ?
- en orang-outan ?

Et à l’envers ?

Quel prénom pourrait être changé en culotte ? Frédéric ? José ? Charlotte ? Adélaïde ? Conrad ? Elisabeth ?

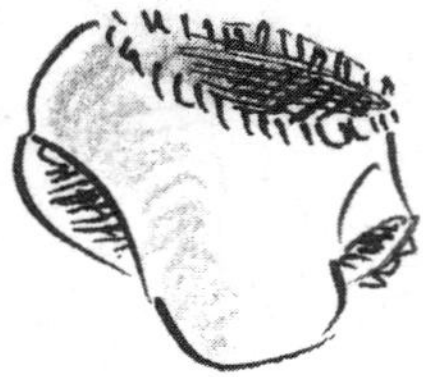

Quelle personne pourrait être changée en canard ? Boubakar ? Balthasar ? Bernard ?

On pourrait encore jeter des sorts à la famille ou aux noms de métiers :
Bonjour maman !
Je peux te changer en caïman !

Bonjour le médecin !
Je peux te changer en clavecin !

Bonjour ma cousine !
Je peux te changer en cheminée d'usine !

Bonjour professeur !
Je peux te changer en ascenseur !

Associe les prénoms et les rimes :

Hélène	**Carabine**
Lazare	**Guérite**
Firmin	**Baleine**
Marguerite	**Bazar**
Sabine	**Parchemin**

Associe les prénoms et les rimes quand c'est possible :

Claudine	**Emir**
Juliette	**Gabardine**
Casimir	**Table**
Gaspar	**Cahier**
Ferdinand	**Léopard**

En route !

Pour Turin **avec Henri**

Pour Tunis **avec Simone**

Pour Paris **avec Farid**

Pour Madrid **avec Gladys**

Pour Lisbonne **avec Alain**

Pour Berlin **avec Mathurin**

Quelle chanson ?

Nicolette chante	**la Marseillaise**
Prune chante	**Il pleut bergère**
Berthe chante	**J'ai vu le loup, le renard et la belette**
Blaise chante	**Il était un petit navire**
Bérangère chante	**Au clair de la lune**
Elvire chante	**Petit papa Noël**
Léonor chante	**Une souris verte**
Abel chante	**Sur le pont du Nord**

Quel vêtement ?

Aube enfile	**ses chaussettes**
Josette enfile	**son pull**
Sydney coiffe	**sa robe**
Didier chausse	**sa culotte**
Léon enfile	**son bonnet**
Théodule enfile	**ses souliers**
Charlotte enfile	**son pantalon**

A la maison ?

Dans la cuisine **avec Ambre**

Dans le salon **avec Octave**

Dans la chambre **avec Onésime**

Dans la cave **avec Apollon**

Dans la salle à manger **avec toi**

Sur le toit **avec Roger**

Quel prénom rime avec le dessin ?
- Romuald ?
- Marc ?
- Roseline ?
- Rachid ?
- Georges ?

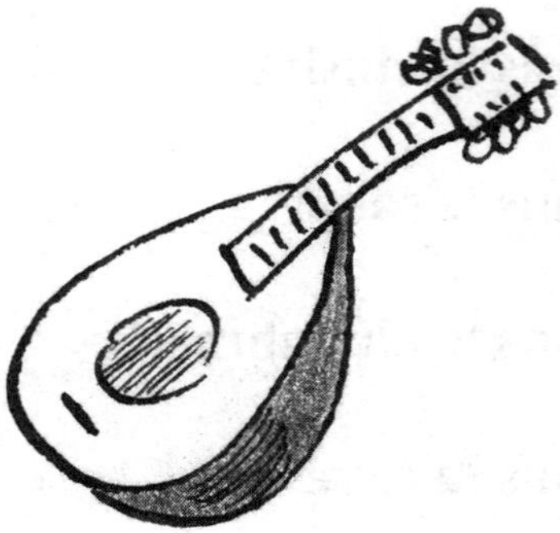

Et avec ce dessin ?
- Oscar ?
- Marcelle ?
- Norbert ?
- Ignace ?
- Fernande ?

Et si la sorcière changeait de formule ?

Par exemple pour envoyer les gens n'importe où ?

Un exemple : ***Salut Rosalie !***
Va voir si j'y suis en…

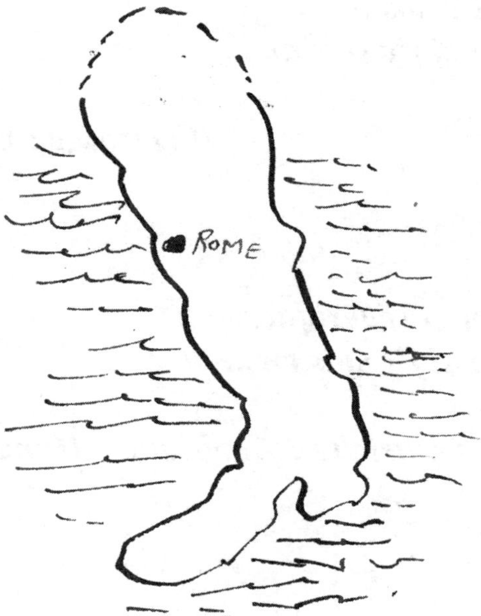

Salut Charlemagne !
Va voir si j'y suis en ...

(Pologne ? Suisse ? Russie ? Allemagne ?)

Salut Carlos !
Va voir si j'y suis au ...

(Cambodge ? Laos ?)

Bonjour Frédérique,
Va voir si j'y suis en ...

(Autriche ? Amérique ? Hongrie ?)

Mes hommages Yolande,
Va voir si j'y suis en ...

(Irlande ? Angleterre ? Suède ?)

Ou encore cette formule, parce que la sorcière a faim :

A table Francis !
Que je te dévore en saucisse !

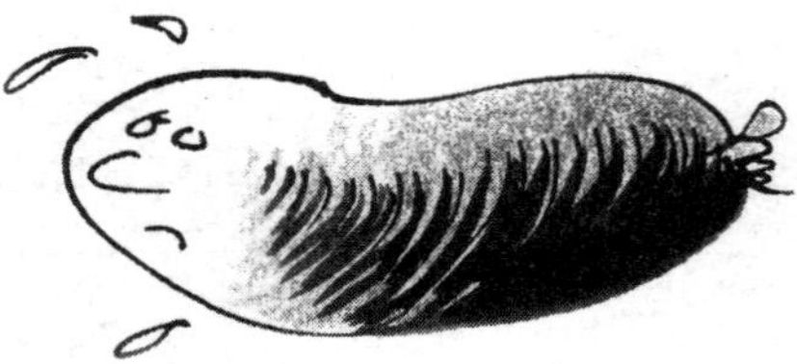

A table Félicité !
Que je te mange en tranches de pâté !

On pourrait jouer avec des fleurs :

Bonjour Philippe !
Transforme-toi en ...

(pâquerette ? coquelicot ? tulipe ?)

Bonjour Félicia !
Transforme-toi en ...

(muguet ? hortensia ? bouton d'or ?)

Bonjour Laurentine !
Transforme-toi en ...

(pivoine ? églantine ? lilas ?)

On pourrait jouer avec des outils :

Au travail Clovis !
Et sers-toi de ton…

Au travail Marceau !
Et sers-toi de ton …

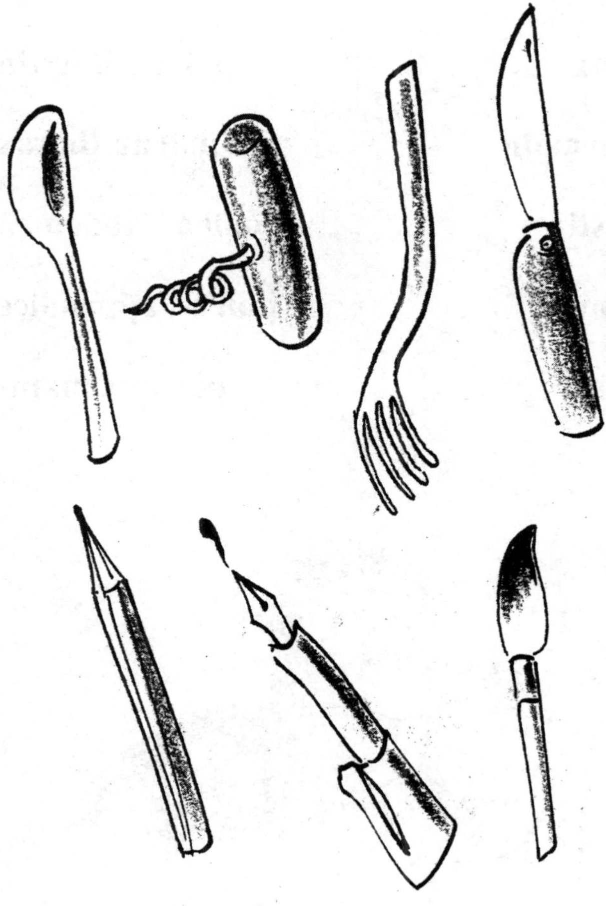

Poil au… ?

Carmen	**poil à l’estomac**
Max	**poil à l’intestin**
Germain	**poil au thorax**
Justin	**poil à l’abdomen**
Emma	**poil à l’appendice**
Alice	**poil aux mains**

Que faire ?

Avec Arthur	**on va faire**	**du thé**
Avec Benoît	**on cassera**	**une escalope**
Avec Dorothée	**on va boire**	**la poubelle**
Avec Pénélope	**on grillera**	**une fugue**
Avec Isabelle	**on va sortir**	**des confitures**
Avec Jacqueline	**on mangera**	**des noix**
Avec Hugues	**on va faire**	**des pralines**
Avec Edith	**on ira voir**	**les troglodytes**

Qui fait quoi ?

Charlotte	**trottine**
Ernestine	**chantonne**
Yvonne	**tricote**
Théodore	**s'endort**
Julie	**ment**
Isabelle	**lit**
Elisabeth	**m'appelle**
Armand	**s'embête**

On pourrait jouer avec les verbes :

Salut Auguste !
Arrive ici que je te déguste !

Bonjour Olive !
Quand je te vois je salive !

Pauvre Ignace,
Quand je te vois je grimace !

C'est ta fête Denise,
En quoi veux-tu que je me déguise ?

Bonsoir Marthe,
Il est temps que je parte !

Bienvenue Théodule,
Approche que je te congratule !

Cherche l'intrus ?

Quel mot ne rime pas avec **Monique** ?

volcanique

panique

botanique

barrique

électronique

unique

tunique

mécanique

Sers-toi de poésies célèbres !

Sur les bords du Mississipi
L'alligator… ***a vu Victor.***

La cigale ayant chanté
Tout l'été
… a enchanté Félicité.

Dedans Paris, ville Jolie,
…le poète a rencontré Julie.

Maître Corbeau sur un arbre perché
…bavardait avec Isabeau.

Le temps a laissé son manteau
…chez Toto.

Mes hommages … heu… Je ne connais pas ton prénom ? J'aurais pourtant bien aimé te changer en carpette ou en arrosoir, ou t'envoyer promener quelque part !
Ce sera pour la prochaine fois.

En attendant, je te serre la main
Et je te dis à demain,

Et je fais un pied-de-nez à Nicolas, Chantal, Rodolphe, Lucienne, Dimitri, Cunégonde, et les autres ! Tous ceux qui ne sont pas des sorcières !

Ceux qui sont embêtants ! (comme Constant)

Ceux qui se prénomment Narcisse, (pleins de malice !)

Celles qui se prénomment Mireille
Et qui ont de grandes oreilles !

Et ceux qui se prétendent Parfait…
... qui n'existent pas !

A toi de jouer.
Jette des sorts aux prénoms des camarades, à la famille, aux gens que tu connais ou que tu ne connais pas.
Tu peux te servir du calendrier !

Moi je vais dormir,
Casimir !

2
+2
5

YAK RIVAIS

Auteur, Illustrateur

Je suis né en Bretagne à Fougères. Il y a maintenant une école communale à mon nom tout près, à Petit-Fougeray. J'en suis très fier ! (Mais je vis à Paris.) J'ai été instituteur. Dans ma classe, des sorcières cachées soufflaient des réponses fausses aux élèves. Alors j'ai inventé des histoires truffées de pièges d'écriture pour déjouer leurs tours. Je suis devenu institAuteur. J'ai écrit la série des *enfantastiques*, celle des *contes du cimetière* (13 films), et bien sûr, les jeux : *Les sorcières sont NRV*, *Contes du miroir* , *Le métro mé PAS tro*. Le dernier livre paru s'intitule *Jardin ZOZOologique*. Encore des pièges … pour rire. J'ai écrit d'autres aventures de sorcières, mais je ne vais plus à l'école, même si je vois encore plein d'élèves. Je vous quitte. Je vous fais une tempête. (Vous ne savez pas ? En Bretagne, une tempête ce n'est qu'une grosse bise !)

Table des Matières

Du même Auteur

Mouche et la sorcière
École des Loisirs

Mouche et la Mère Podcha
École des Loisirs

Petit Homme et les princesses
École des Loisirs

La princesse qui voulait se marier
École des Loisirs

La jardin ZOZOologique
Archipel.

Éveil et Découvertes Poche

Collection dirigée par Marie-Laurentine Caëtano

1. La Sorcière et l'ordinateur
de Yak Rivais

2. Aie peur et tais-toi
de Gudule

A paraître

3. La Famille Bonhomme chez la Reine d'Angleterre de Yak Rivais

4. L'Auteur a disparu
d'Anne-Marie Desplat-Duc

Conception de mise en page :
Adeline Ruel
et
Anne-Sophie Gousset

loi n°49-956 du 16 juillet 1949
sur les publications destinées à la jeunesse
ISBN : 978-2-35366-113-8
Dépôt légal : janvier 2009
Imprimé en France par Darantiere
Achevé d'imprimer le 6 novembre 2008
N° d'impression : 28-1518